AF285406

Schlagfertigkeit, Rhetorik & Argumentation

Wie Sie Ihre Eloquenz und Kommunikationsfähigkeit gezielt verbessern und in jeder Situation die richtigen Worte finden - inkl. 10-Schritte-Umsetzungsplan

Moritz Kampen

INHALT

Das erwartet Sie in diesem Buch

In diesem Buch soll es darum gehen, die eigenen Gesprächsfähigkeiten zu potenzieren, indem Sie die Künste der Schlagfertigkeit, Rhetorik und Argumentation erlernen und/oder verbessern. Fühlen Sie sich von Zeit zu Zeit missverstanden, nicht ernst genommen oder ertappen Sie sich selbst dabei, wie Sie unter Sprachlosigkeit leiden? Wenn Sie diese Frage bejahen können, werden Sie dieses Buch dankbar entgegennehmen. Es ist normal, nicht auf jeden flotten Spruch sofort eine perfekte Antwort parat zu haben, jedoch besteht bei allen von uns das Potenzial, unsere Fähigkeiten der Schlagfertigkeit, Rhetorik und Argumentation stetig zu verbessern und beim Gegenüber den einen oder anderen guten Eindruck zu hinterlassen.

Dieses Buch soll Ihnen dabei helfen, durch eine potenzierte Konversationsführung eine größere Selbstsicherheit zu erlangen, sodass Sie auch in Zukunft mit mehr Souveränität auftreten können. Um Sie in dieses Thema einzuführen, werden Ihnen zunächst die Begriffe Schlagfertigkeit, Rhetorik und Argumentationsfähigkeit einzeln vorgestellt. Darüber hinaus wird Ihnen nähergebracht, weshalb Ihnen die verschiedenen Fähigkeiten im Alltag sowie in spezielleren Situationen Ihres Berufs- und Privatlebens behilflich sein können und weshalb Sie sich überhaupt mit diesen Begriffen beschäftigen sollten.

Sie werden lernen, sich präzise auszudrücken und während Diskussionen Kontrolle und einen kühlen Kopf zu bewahren. Im letzten Teil dieses Ratgebers wird Ihnen ein 10-Punkte-Plan aufgezeigt werden, mit dessen Hilfe Sie Ihre Fähigkeiten der Konversationsführung Schritt für Schritt verbessern können. Dabei wird Ihnen ebenfalls

aufgezeigt, welche Fehler bei den einzelnen Fähigkeiten in den meisten Fällen auftreten und was Sie
beim Erlernen dieser Fähigkeiten im Hinterkopf
behalten sollten.

Begriffsklärung und Anwendung

SCHLAGFERTIGKEIT

Widmet man sich dem Begriff der Schlagfertigkeit, so lässt sich sagen: Wer lang überlegt, hat schon verloren. Es geht hierbei nämlich nicht darum, seine Antworten in einer Konversation im eigenen Kopf umzuformulieren, bis sie perfekt wirken, sondern um die Kunst, auf unerwartete Antworten, welche manchmal sogar schroff erscheinen mögen, eine präzise Antwort zu finden, welche im bestmöglichen Falle sogar noch etwas Humor in Form von Sarkasmus mit sich bringt. Ziel ist hierbei, mit schnippischer Antwort wendig zu kontern und sich Respekt gegenüber dem Gesprächspartner und den am Gespräch beteiligten Personen zu verschaffen, eben mit einem „Schlag" mit einer bestimmten Situation „fertig" zu sein.

Ein Talent in der Schlagfertigkeit zu sein, kann vor allem in Situationen nützlich sein, welche für uns zunächst unkontrollierbar erscheinen. Oft wird dieses Gefühl der fehlenden Kontrolle auch von einer mangelnden Selbstsicherheit begleitet, bspw. wenn eine provokante Aussage auf unsere Kosten gemacht wird. Es könnte Ihnen daher bekannt vorkommen, in hitzigen Diskussionen händeringend nach einem passenden Konter zu suchen, der Ihnen dann jedoch erst am nächsten Tag in den Kopf kommt.

Selbst im Alltag bekommen wir dumme Sprüche an den Kopf geworfen. Sollte dies aber im Rahmen der Familie oder dem engsten Freundeskreis passieren, so fällt es uns oft leichter, darüber hinwegzusehen, da es zu einer gesunden zwischenmenschlichen Beziehung gehört, sich gegenseitig aufzuziehen und Spaß übereinander zu machen. In anderen Fällen, wie bspw. im Beruf, mag es jedoch sein, dass die Beleidigungen regelrecht am Selbstwertgefühl des Betroffenen kratzen.

Ein gutes Beispiel für die Kunst der Schlagfertigkeit ist ein Satz von Winston Churchill. In einem Bericht wurde geschrieben, dass er auf einem Bankett von einer Frau provoziert wurde, die zu ihm sagte: „Wenn ich mit ihnen verheiratet wäre, würde ich ihnen Gift in den Kaffee geben." Aber anstatt ihre Aussage zu zerdenken oder näher an sich heranzulassen, antwortete Churchill mit: „Und wenn ich mit Ihnen verheiratet wäre, würde ich diesen Kaffee trinken!" Super schlagfertig, oder?

Sollten Sie in eine solche Situation gelangen und Sie müssen sich zwischen einer Rechtfertigung und einem Konter entscheiden, rate ich Ihnen, die gegen Sie gerichtete Aussage direkt anzusprechen, denn wenn Sie selbst mitbekommen, dass die Aussage Ihres Gegenübers unangebracht war, ist es sehr wahrscheinlich, dass es die Personen in Ihrem Umfeld ebenfalls mitbekommen haben. Antworten Sie auf eine schroffe Beleidigung bspw. mit „Ich glaube, das muss ich nicht weiter ausführen. Ich denke, das spricht für sich", dann fühlt sich das Gegenüber mit seiner Aussage alleingelassen und merkt, dass diese ins Leere gegangen ist.

Jedoch ist es kein Wunder, dass man nicht in allen Situationen die passende Antwort bereit hat, da man sich zumeist in hitzigen Diskussionen oder gar Streits befindet, weshalb das Hirn unter Stress steht und nicht schnell genug arbeiten kann, um die schroffe Aussage zu verarbeiten. Befindet man sich in einer Gruppe bzw. in einem Gespräch mit mehr als einem Gegenüber, kommt es auch schnell zu dem Verlangen, einen guten Eindruck bei den anderen Gesprächspartnern zu hinterlassen und diese mit einer schnellen, witzigen Antwort zu beeindrucken. Dies bedeutet, dass sich erneut ein innerer Druck aufbaut.

Wenn Sie sich von der Beleidigung des Gegenübers vielleicht sogar emotional angegriffen fühlen, kann dies auch ein ausschlaggebendes Argument für Ihre Sprachlosigkeit darstellen. Die Beleidigung erinnert Sie vielleicht an vergangene Situationen oder zwischenmenschliche Beziehungen, aus denen Sie Schaden davongetragen haben, weshalb Sie in dieser Situation emotional gekränkt werden und Ihr Fokus nicht auf einer schnellen Antwort, sondern auf Ihrer Vergangenheit liegt.

Handelt es sich um eine Situation innerhalb Ihres Berufes, so kann es in jenen Situationen zu einem verstärkten Konkurrenzdenken kommen, da es z. B. um einen bestimmten Posten in einer Firma geht oder einfach um Ruhm und Anerkennung der eigenen Kollegen. Ihnen selbst wird es dann immer darum gehen, mit einem guten Eindruck und einem guten Selbstgefühl aus dieser Situation zu gehen, so bspw. auch bei der Situation eines Vortrags.

Das Wunschdenken vieler Personen besteht darin, nach einer Beleidigung einfach die Zeit anzuhalten und sich einen scharfen Konter zu überlegen. Bei der Schlagfertigkeit geht es also darum, sich schnellstmöglich einen passenden Konter einfallen zu lassen, die eigene Sprachlosigkeit zu überwinden und vor allem, sich selbst nicht zu ernst zu nehmen.

Innerhalb der Schlagfertigkeit selbst wird noch einmal unterschieden zwischen **sanfter Schlagfertigkeit** und **harter Schlagfertigkeit**. Unter die sanfte Schlagfertigkeit fallen alle „freundlichen" Antworten, bzw. Antworten, welche nicht mit einem Hauch Sarkasmus versehen wurden. Würde z. B. jemand zu Ihnen sagen: „Sie haben ja keine Ahnung", könnten Sie darauf eventuell mit einer Gegenfrage antworten, wie: „Wie haben Sie es denn geschafft?", antworten, welche klarmachen würde, dass Sie einen kühlen Kopf bewahrt haben, sich die Beleidigung nicht zu Herzen nehmen und Sie darüber hinaus auch kein Geheimnis aus Ihren persönlichen Schwächen machen.

Bevor Sie also auf die Aussage Ihres Gegenübers eingehen, könnten Sie sich erst einmal folgende Fragen stellen: „War die Aussage überhaupt ein Angriff?", „War es die Absicht meines Gegenübers, eine negative, vielleicht sogar beleidigende Aussage zu treffen und mit dieser meine Gefühle zu verletzen und uns gegeneinander aufzuhetzen?", oder auch „Hat mein Gegenüber die Absicht meines Unbehagens, da die Person selbst unsicher ist und von ihrer eigenen Souveränität ablenken möchte?".

Würden Sie auf ebendiese schroffe Aussage jedoch mit einer harten Art der Schlagfertigkeit antworten, könnten Sie bspw. mit „Gibt es ein Problem oder sind Sie selbst das Problem?" reagieren, was Ihr Gegenüber stutzig machen sollte und ihm oder ihr aufzeigt, dass die vorherige Aussage unangebracht war. Sie sollten sich also darüber im Klaren sein, dass Sie keine Scheu davor haben müssen, Ihren Gesprächspartner auf seine Schwächen aufmerksam zu machen und Kommunikationsdefizite klarzustellen.

Sollten Sie sich in dem Moment allerdings so emotional angegriffen oder gekränkt fühlen, rate ich Ihnen, auch einfach einmal nachzugeben und Ihrem Fluchtinstinkt nachzugehen. Es sollte Ihnen hierbei nicht peinlich sein, einer stressbehafteten Situation aus dem Weg zu gehen und von der Ausübung der Schlagfertigkeit abzusehen. Sie werden jedoch bemerken, dass sich Ihr Adrenalinspiegel bei einer harmlosen, nonverbalen Antwort langsamer abbauen wird als bei einer schlagfertigen, verbalen Antwort auf eine schroffe Aussage auf Ihre Kosten.

Da Sie eben nicht mit einem „Schlag" mit der Situation „fertig" sind, bleibt das Streitgespräch noch lang in Ihren Gedanken hängen und die emotionale Verarbeitung der Konversation könnte sich schwieriger gestalten als bei einer verbalen Konfrontation. Es wird Ihnen daher auch schwerer fallen, sich in den nachfolgenden Minuten auf ein anderes Thema zu konzentrieren, da

Ihre Wahrnehmung aufgrund des angestauten Adrenalins eingeschränkt sein wird.

Eine weitere Variante, der Situation zu entfliehen, wäre, erst einmal etwas Zeit zu gewinnen, um innerlich für ein paar Sekunden die Möglichkeit zu haben, kurz durchzuatmen. Sie können daher mit einer Gegenfrage reagieren, wie bspw.: „Wie bitte?", oder „Kannst du das bitte wiederholen?", was implizieren würde, dass Sie die vorherige Beleidigung akustisch nicht verstanden haben und Sie daher auch nicht schlagfertig reagieren konnten. W

ollen Sie einem offensichtlichen Angriff gelassen entgegenkommen, könnten Sie ebenso antworten mit: „Wie kommst du denn auf diese Behauptung?", wodurch Ihr Gesprächspartner erneut in der Bringschuld steht und sich eine neue Antwort einfallen lassen muss. Anders als mit einer Frage könnten Sie auch mit einer Aussage antworten, bspw. mit einer, welche die Beleidigung des Gegenübers entkräftet. Diese könnte z. B. lauten: „Da liegen Sie völlig daneben."

Dennoch liegt die Power der Schlagfertigkeit darin, den Gegenüber zu dominieren, was ein bestimmtes Maß an Selbstbewusstsein erfordert.

Meistert man die Technik jedoch, wächst das Selbstbewusstsein, da man immer mehr Erfolgserlebnisse einfahren kann. Es mag Ihnen also sehr schmackhaft vorkommen, stets klugen Content abzuliefern und bei Ihren Gesprächspartnern einen lang anhaltenden Eindruck zu hinterlassen, jedoch sollten Sie auch davon absehen, Ihre Gesprächspartner zu beleidigen, öffentlich bloßzustellen oder sie gar emotional anzugreifen. Greifen Sie daher lieber auf eine passive Antwort, wie etwa eine Gegenfrage, zurück, anstatt in ein Extrem abzurutschen, welches Sie zu einem weniger angenehmen Mitmenschen machen kann.

Die eigentliche Kunst der Schlagfertigkeit besteht jedoch darin, die eigentlich Aussage im Kopf des Zuhörers entstehen zu lassen. Frank Zappa, ein amerikanischer Musiker und Komponist, wurde einst zu einem Interview geladen, bei dem er gefragt wurde: „Sie haben ja lange Haare, sind Sie eine Frau?", worauf Zappa geantwortet hat mit: „Sie haben ein Holzbein, sind Sie ein Tisch?". Durch diese Aussage brachte Zappa nicht nur Sarkasmus ins Spiel, sondern bedient sich auch einer cleveren Form der Rhetorik, denn natürlich weiß er, dass sein Gegenüber kein Tisch ist, jedoch hat er damit durch die Blume gesagt: „Wie kann man denn so eine blöde Frage stellen?" Um dies zu verstehen, wird im nächsten Teil dieses Ratgebers ein Blick auf die Rhetorik geworfen.

RHETORIK

Unter dem Begriff Rhetorik versteht man die Kunst der Rede. Nicht selten wird die Rhetorik von vielen missdeutet, etwa als die „Kunst der Schönrederei" oder die „Kunst der Manipulation und Überredung", so auch von Platon. Daher handelt es sich bei der Rhetorik viel mehr um die Theorie sowie die praktische Umsetzung der mündlichen Kommunikation. Beherrscht man die Fähigkeit der Rhetorik gut, so fällt es leichter, Menschen mit den eigenen Worten zu überzeugen. Dies gründet in einer persönlichen Souveränität, welche sich eben nicht darauf bezieht, perfekt zu sein. Führen Sie eine Konversation, welche sich zu einer Diskussion zuzuspitzen scheint, sollten Sie den Fehler immer bei sich selbst suchen und sich eingestehen, dass Sie nicht perfekt sind, denn nur so kann Kommunikation funktionieren. Suchen Sie den Fehler jedoch immer bei Ihrem Gegenüber, ist Ihr Dialog schon zum Scheitern verdammt, da Sie nicht auf Ihr Gegenüber eingehen und Sie dadurch keine Spannung aus dem Gespräch nehmen können.

Die Wichtigkeit der Redekunst sollte außer Frage stehen, da wir alle darauf angewiesen sind, egal, um welchen Rahmen es sich handelt. Wir müssen innerhalb unserer Familie kommunizieren, genauso wie mit unseren Freunden, Arbeitskollegen und in anderen Bereichen der Gesellschaft, was die Rhetorik zu einer Form des sozialen Handels macht. Dabei lassen sich verschiedene Arten des Gesprächs herauskristallisieren. So kann es sich z. B. um einen Monolog mit sich selbst handeln, oder auch um ein Telefonat mit einem entfernten Verwandten, ein Gespräch am Kaffeetisch oder eine Diskussion mit dem Beziehungspartner.

Vor allem bei hitzigen Diskussionen oder Streitgesprächen sollte Ihnen aufgefallen sein, dass es bei emotionalem Stress häufig dazu kommt, dass das, was Sie gesagt haben, nicht das ist, was Sie sagen sollten und dass es vielmehr darauf ankommt, wie Sie etwas sagen, als was Sie eigentlich sagen. Die Trennung von Inhalt und

Darstellung ist daher ein maßgebendes Merkmal der Rhetorik.

Dabei sollten Sie jedoch im Hinterkopf behalten, dass Sie nicht kontrollieren, sondern nur minimal beeinflussen können, wie Ihr Gegenüber mit Ihrem Gesagten umgeht, da jeder Mensch über eine selektive Wahrnehmung verfügt. Dies trifft vor allem auf Streitgespräche innerhalb von Beziehungen zu, da bei diesen der emotionale Stress am größten ist und diesen Gesprächen meist die größte Wichtigkeit zugeschrieben ist.

Kommt es zu einem Dialog, werden beide Gesprächspartner von den sprachlichen sowie nichtsprachlichen Signalen des Gegenübers beeinflusst. Bei den sprachlichen Gesprächssignalen kann es sich bspw. darum handeln, wie die Haltung eines Gesprächspartners gegenüber einem bestimmten Thema ist. Je nach seinem Gemüt kann die Meinung des Gegenübers positiv und/oder negativ beeinflusst werden. Darüber hinaus wird die Haltung der Gesprächspartner auch immer durch Ihre zwischenmenschliche Beziehung und Ihre Gefühle und Emotionen zueinander beeinflusst. Im Verlauf eines Gesprächs kann daher sehr gut beobachtet werden, wie jede Äußerung eine neue

Kommunikationssituation darstellt und somit auch immer wieder neue Emotionen in den Gesprächsbeteiligten hervorruft.

Um die Aufmerksamkeit und das Vertrauen Ihres Gegenübers zu erlangen, hilft es oft, souverän und selbstsicher aufzutreten. Souveränität bedeutet nicht, makellos, perfekt und besser als alle anderen zu sein, sondern zu wissen, dass man nicht perfekt ist und damit umgehen zu können. Beherrschen Sie die Fähigkeit, über sich selbst lachen zu können, sind Sie der Rhetorik schon einen Schritt näher. Bei der Vorbereitung auf ein Gespräch besteht der größte Fehler deswegen darin, Angst vor Fehlern zu haben und das Gespräch so zu planen, dass gar keine Fehler entstehen können.

Wollen Sie bspw. eine Rede halten, könnten Fragen aufkommen, wie: „Darf ich dieses Wort überhaupt sagen?", „Darf ich diesen Konjunktiv verwenden?", oder auch „Wie bekomme ich es hin, meinen Vortrag grammatikalisch einwandfrei vorzutragen?", was den eigentlichen Sinn der Rede verfehlt. Ihr eigentliches Vorhaben ist es nämlich, Ihre Zuhörer von Ihnen zu überzeugen, indem Sie so sympathisch wie möglich wirken, und Ihre Zuhörer im Herzen zu berühren und abzuholen. Hierbei handelt es sich nun um die angewandte Kommunikation, die sogenannte Rede- und Gesprächspädagogik.

Ihre Zuhörer sollten das Gefühl bekommen, dass Sie vertrauenswürdig, emphatisch und inspirierend sind und dass die Themen, über die Sie sprechen, wirklich etwas mit Ihren Zuhörern am Hut haben und menschennah sind. Wenn Sie in einer Rede Ihre Sätze bspw. mehrmals nicht beenden und dies perfekt in Ihren Redefluss passt, so bekommt das Publikum mit, dass Ihnen kleine Fehler nichts ausmachen, und Sie erscheinen automatisch seriöser. Wenn es darum geht, die Nähe und Aufmerksamkeit eines Zuhörers zu gewinnen, hat jeder Mensch einen ganz eigenen Stil und mehrere Wege, seine eigene Rhetorik zu gestalten. Der Schlüssel zu einer guten Rhetorik ist daher immer eine Mischung aus Vorbereitung und Improvisation. Gute Redner können daher beide Fähigkeiten in ihre Rhetorik einbauen – Struktur und Eloquenz.

Um eine gute Basis für eine erfolgreiche Rede oder einen erfolgreichen Dialog zu schaffen, wird es Ihnen helfen, respektvoll zu sein, denn im

Umgang mit Ihren Mitmenschen ist der Begriff „Respekt" nicht nur schön, sondern notwendig und entscheidet über Ihre Zukunft. Je respektvoller Sie gegenüber Ihren Gesprächspartnern erscheinen, desto mehr Respekt wird auch Ihnen entgegenkommen und desto besser kann darüber hinaus auch das soziale Miteinander kontrolliert werden.

Die Rhetorik sollte Ihnen also klarmachen, dass der Inhalt Ihres Gesprächsstoffes oftmals von nicht ganz so großer Wichtigkeit ist wie die Art und Weise, mit der Sie etwas an andere Menschen herantragen, und damit auch, wie Sie mit den Informationen und Ihren Mitmenschen umgehen. Wenn Sie es also in Betracht ziehen, sich der Rhetorik zu widmen, sollte Ihr Fokus auf der nonverbalen Kommunikation liegen. Dies umschließt unter anderem Ihre Ausstrahlung, Körperhaltung, Ihren Blickkontakt und Ihre Mimik und Gestik. Wichtig ist dabei auch Ihre Bewegung im Raum und Ihre Bewegungen gegenüber Ihrem Gesprächspartner. Dieser nimmt ganz bewusst wahr, ob Sie sich ihm gegenüber eher offen oder verschlossen verhalten, und darüber hinaus, ob sich

Ihre körperliche Kontaktaufnahme aktiv oder passiv gestaltet.

Zur nonverbalen Kommunikation gehört auch Ihre Aussprache. Wenn Sie bewusst deutlich sprechen, wird es Ihrem Gegenüber deutlich leichter fallen, Ihnen in Ihrem Redefluss zu folgen, als wenn Sie sehr undeutlich reden oder gar nuscheln.

Aber wie genau wenden Sie alle vorherigen Tipps an und wie schaffen Sie es, ein strukturiertes Gespräch zu führen oder eine schlüssige Rede zu halten? Bei der Anwendung hilft meist schon eine klare Zieldefinition. Bevor Sie loslegen können, müssen Sie sich darüber im Klaren sein, was Sie überhaupt sagen möchten und was Sie Ihren Zuhörern mit auf den Weg geben wollen. Haben Sie sich Ihre Kernbotschaft vor Augen geführt, können Sie nun – hier im Fall einer Rede – damit beginnen, einen Text aus Ihren Gedanken zu formulieren und sich darüber Gedanken zu machen, wie Sie diese Gedanken am besten zum Ausdruck bringen. Wichtig ist danach, den Text noch mehrmals zu überarbeiten und ihm genug Zeit zum Reifen zu geben, sodass Sie auch genug Zeit dafür haben, den Text zu üben und eine Redesituation zu simulieren.

Um die Rhetorik gut in der Rede anwenden zu können, sollten Sie sich am besten Stichpunkte machen, anstatt einen ganzen Text zu schreiben, denn ein weiterer wichtiger Punkt, um die Aufmerksamkeit der Zuhörer zu erlangen, ist, nicht am Notizblatt zu kleben, sondern eigene gute Formulierungen zu finden, denn über die besten Sätze denkt man nicht tagelang nach – sie kommen in den richtigen Situationen, wenn Sie wirklich wissen, worüber Sie sprechen.

Kurt Masur, ein deutscher Dirigent, sagte einst: „Der Unterschied zwischen einem Amateur- und einem Profiorchester besteht im Üben!". Wenn Sie sich dieses Zitat zu Herzen nehmen, sind Sie einer erfolgreichen Rede schon etwas nähergekommen. Sie sollten auch im Hinterkopf behalten, dass Ihr Fokus nicht darauf liegen sollte, gegenüber dem Publikum so großartig wie möglich zu wirken. Sie werden die Aufmerksamkeit der Zuhörer nicht mit Ihrer Coolness erlangen, sondern mit interessanten, menschennahen Themen und Emotionalität.

Sie stellen also fest, dass die Schlagfertigkeit als ein Mittel der Rhetorik bezeichnet werden kann.

Im Prinzip geht es – neben den zahlreichen Methoden der Gesprächsmanipulation – bei einer erfolgreichen Gesprächsführung also darum, zu vergessen, was die anderen Gesprächspartner genau sagen, und zu verstehen, wie die Interessen aussehen, welche sich hinter dem Gesprächsstoff verbergen. Haben Sie dies verinnerlicht, ist es möglich, innerhalb des Dialoges eine Lösung zu finden, welche beiden Interessenseiten gerecht werden kann. Mit einer offenen Mentalität verhindern Sie, dass die am Gespräch beteiligten Personen als „Gewinner" und „Verlierer" aus dem Gespräch gehen, sondern beide als Profitierende. Darüber hinaus werden auch alle Vorurteile oder voreingenommene Grundeinstellungen abgelegt, sobald die Dialogpartner die Interessen ihres Gegenübers verstanden haben, da nun offen über die Problemsituation gesprochen werden kann.

ARGUMENTATION

Schlagfertige Antworten und clevere Formulierungen sind jedoch nicht die einzigen Möglichkeiten, mit einer Diskussion oder einer schroffen Anmerkung umzugehen. Anstatt sich eine schlagfertige Antwort zu überlegen, können Sie auch immer versuchen, der Situation mithilfe einer schlüssigen Argumentation zu entgegnen. Doch wann ist es klug, zu argumentieren und wie bauen Sie eine Argumentation am sinnvollsten auf?

Die Argumentation dient Ihnen im Allgemeinen dazu, andere Menschen von Ihrer Meinung zu überzeugen. Darüber hinaus können Ihnen Argumente auch bei der Entscheidungsfindung helfen und dazu dienen, verschiedene Dinge gegeneinander abzuwägen. Die Fähigkeit zu argumentieren wird in allen Altersgruppen benötigt. Im Erwachsenenalter führt man Diskussionen oder sogar Streitgespräche und bildet sich mithilfe einer schlüssigen Argumentation eine eigene Meinung, nach der man handeln kann. Im Bereich der Schule lernen die Kinder nicht nur, wie ein Argument eigentlich aufgebaut ist, sondern wenden dieses auch an, bspw. in einer Stellungnahme, Interpretation oder einer Erörterung.

Um ein Argument jedoch richtig anwenden zu können, muss man dieses auch schlüssig aufbauen. Dafür brauchen Sie zunächst eine Behauptung bzw. These, welche Sie begründen wollen.

Diese Begründung besteht dann schließlich aus verschiedenen Argumenten, welche jeweils mit konkreten Beispielen verdeutlicht werden sollten. Dabei unterscheidet sich die These in vier Arten: die Behauptung, die Bewertung, die Empfehlung und die Entscheidung.

Damit Sie besser verstehen können, was sich hinter den Arten der These versteckt, folgt nun ein Beispiel. Die These könnte lauten: „Die Schule sollte für alle Schüler erst um 9 Uhr losgehen." Nun könnte darauf eine Bewertung folgen, welche heißen könnte: „Der frühe Schulbeginn ist eine Katastrophe", was die Behauptung noch immer nicht begründet. Die eigentliche Begründung der These liegt jedoch in der Empfehlung, da diese die Vorteile des Änderungsvorschlages aufzeigt. Für unser Beispiel könnte eine Empfehlung lauten: „Wenn die Schule erst um 9 Uhr beginnt, können die Schüler länger schlafen, wodurch Sie ausge-schlafener sind und besser lernen können". Die Entscheidung ist am Ende noch einmal dafür da, seine eigene Meinung zu unterstreichen, ohne sie jedoch noch einmal zu begründen. Dies kann z. B. so formuliert werden: „Es wäre besser, wenn die Schule erst um 9 Uhr beginnen würde."

Auch ein Argument teilt sich in verschiedene Formen auf. Da wäre z. B. das Faktenargument. Bei diesem wird mit Fakten argumentiert. Bezogen auf unser Beispiel und dem zu frühen Schulbeginn könnte ein Argument sein: „Schlafmangel kann zu schweren Konzentrationsschwierigkeiten führen."

Glück haben Sie, wenn es sich bei Ihrer Begründung um Fakten handelt, welche darüber hinaus eventuell auch noch wissenschaftlich anerkannt sind, da Ihr Gesprächspartner nichts dagegen einwenden kann, außer seiner persönlichen Meinung. Sie müssen jedoch wachsam sein, da es sich auch um Fakten handeln könnte, welche nicht allgemein anerkannt sind. Sie können dabei auf Nummer sicher gehen, indem Sie sich auf eine Autorität, wie z. B. eine Studie, berufen.

Eine andere Möglichkeit wäre hierbei, sich auf Normen oder Werte zu berufen, dies gilt vor allem bei Empfehlungen oder auch Entscheidungen, da oftmals auch an die Moral appelliert wird. Dadurch, dass die vorgeschlagene Handlungsweise allgemeingültig wirkt, wird die Argumentation hier erneut gestützt. Bezogen auf unser Beispiel könnte ein Appell bspw. lauten: „Wir können nicht zulassen, dass Schüler morgens weiterhin übermüdet in der Schule sitzen, obwohl sie unter weitaus besseren Voraussetzungen lernen könnten."

Ein wichtiger Bestandteil einer guten Argumentation besteht darin, auch auf Gegenargumente einzugehen und diese, wenn möglich, zu entkräften. Ein mögliches Gegenargument für unser Beispiel könnte lauten: „Wenn die Schüler später in die Schule kommen, ist die Wahrscheinlichkeit geringer, dass sie mittags frei bekommen, wodurch sich der Tagesrhythmus von vielen Schülern verschieben würde. Sie könnten dieses Argument bspw. entkräften, indem Sie sagen: „Zwar bleiben die Schüler nachmittags etwas länger in der Schule, jedoch können Sie den Abend viel mehr genießen, da Sie in der Nacht länger geschlafen haben und dementsprechend nicht so übermüdet sind".

Bevor Sie jedoch auf ein Argument eingehen, sollten Sie die Seriosität des Gegenarguments prüfen. Sie sollten überlegen, ob dieser Einwand berechtigt ist und ob es sich um eine konstruktive Kritik handelt. Können Sie feststellen, dass es sich um ein konstruktives Gegenargument handelt, kann dieses für Sie nützlich sein, da Sie so Schwachstellen Ihres Vorschlags bzw. Ihres Meinungskonstrukts finden und diese ausbessern können. Wenn Sie jedoch der Meinung sind, dass es sich um keine konstruktive Kritik handelt und diese eventuell sogar ausfallend geäußert wurde, sollten Sie gegen diese argumentieren und darüber hinaus nicht vergessen, auf der Sachebene zu bleiben. Sie können bei Ihrem Gegenüber bspw. eine Konkretisierung seiner Meinung oder einzelne Argumente erfragen.

Glaubwürdig werden Ihre Argumente vor allem dann, wenn Sie sich der sogenannten Analogie bedienen. Dies bedeutet, dass Sie Vergleiche aufstellen, um Ihre Meinung zu vertiefen. Geht es darum, dass die Schüler an deutschen Schulen länger schlafen können sollten, könnten Sie hervorbringen, dass Schüler hierzulande erfolgreicher lernen würden, da andere Länder, in welchen die Schule später beginnt, bessere Lernleistungen erzielen als Deutschland.

Wenn es sich jedoch nicht um eine Erörterung oder Interpretation in der Schule, sondern eine Diskussion handelt, könnten Sie auch eine eher passive Haltung einnehmen und ausschließlich die Argumente Ihres Gegenübers entkräften, ohne Ihre eigenen Argumente nennen zu müssen. Sie widerlegen die Argumente Ihres Gegenübers, sodass Ihre in einem noch besseren Licht erscheinen. Beziehen wir diese Taktik auf unser Beispiel, könnte Ihre Aussage lauten: „Offensichtlich ist es Ihnen egal, dass Schüler in Deutschland aktuell übermüdet in die Schule kommen und ebenso übermüdet Ihren Abend verbringen müssen.

Wichtig ist, dass sich Ihre Argumente immer auf Ihre These beziehen, denn ansonsten sind Ihre Argumente nutzlos, da Sie in den meisten Fällen das Ziel verfehlen. Nachdem Sie Ihre These mit zahlreichen Argumenten gestützt haben, sollten Sie sie nun mit Beispielen verstärken. Bereiten Sie sich auf eine Diskussion oder gar eine Rede vor, ist es wichtig, dass Sie zu Ihren Thesen passende Beispiele bereithaben und obendrein flexibel auf Gegenfragen oder -argumente antworten können. Bei Ihrem Beispiel kann es sich unter anderem um eine Studie handeln. Lesen Sie während Ihrer Vorbereitung also auch wissenschaftliche Artikel, um sich nicht nur auf Beispiele aus Ihrer eigenen Erfahrung stützen zu müssen. Bezogen auf unser Beispiel gibt es bspw. Belege dafür, dass bereits eine halbe Stunde mehr Schlaf zu besseren Schulleistungen führt.

Innerhalb einer Diskussion können Sie Ihre Gewinnchancen auch erhöhen, indem Sie sich auf die Gegenargumente Ihres Gegenübers vorbereiten. Dies können Sie bspw. vornehmen, indem Sie selbst über Argumente für die Gegenseite nachdenken und darüber, wie Sie zu Ihrer Meinung gekommen sind. Wollen Sie die gegnerische Argumentation widerlegen, haben Sie drei Angriffspunkte: die These, das eigentliche Argument und das dazugehörige Beispiel. Diese Angriffsfläche sollten Sie nutzen, denn der größte Fehler, den Sie in einer Diskussion machen können, ist, nicht auf Ihr Gegenüber einzugehen.

Wie hängen diese Begriffe miteinander zusammen?

Die Schlagfertigkeit und das Argumentieren können beide als Merkmale der Rhetorik angesehen werden. Sie stehen in einer ständigen Wechselwirkung miteinander. Versuchen Sie, schlagfertig zu sein, bedarf es oft einer guten Redetechnik, um die schnellen, effektiven Antworten so gut wie möglich zu formulieren. Werfen Sie einen Blick auf das

Argumentieren, so werden Sie feststellen, dass nicht nur die Argumente allein zählen, denn sonst könnten Sie Ihren Diskussionspartner mit einer schlüssigen Argumentation überzeugen und die Entstehung eines flüssigen Dialoges würde ausbleiben. Neben dem emotionalen Einfluss und der Individualität jeder Person kommt es wie bei der Schlagfertigkeit auch bei der Argumentation darauf an, wie Sie Ihre Aussagen formulieren und aufeinander aufbauen.

Die Korrelation zeigt sich in jedem Gesprächsverlauf, da die Fähigkeiten der Schlagfertigkeit und der Argumentation Bestandteile der Rhetorik sind und vor allem eine schlüssige Argumentation dabei hilft, die eigene Rhetorik zu perfektionieren und ein schlüssiges Gespräch entstehen zu lassen. Auf der anderen Seite benötigen Sie jedoch auch eine gute Redetechnik, um Ihre Argumente in einem Gespräch flüssig und vor allem verständlich darlegen zu können und Ihr Gegenüber nicht nur auf der Sachebene, sondern auch auf einer emotionalen Ebene abholen zu können. Dies gilt auch für die Anwendung von schlagfertigen Antworten. Mithilfe einer guten Rhetorik geraten Sie auch in stressbehafteten Situationen nicht in Panik oder beginnen zu stottern, sondern können einen kühlen Kopf bewahren und sich auf Ihr Improvisationstalent verlassen. Dies gilt auch für provokante Anmerkungen, welche Sie gelassen und objektiv entkräften möchten, da Sie mithilfe Ihrer rhetorischen Fähigkeiten eine erfolgreiche deeskalierende Antwort finden werden.

Umsetzung

Nun wissen Sie, was es mit den Begriffen auf sich hat und was Sie bei der Anwendung beachten müssen, um die Fähigkeiten erfolgreich umsetzen zu können. Wie Sie jedoch wissen, ist nicht jeder Mensch ein Naturtalent, wenn es dazu kommt, schlagfertig zu sein, schlüssig zu argumentieren oder eine einwandfreie Redetechnik zu beherrschen. Jedoch können Sie auch hier Ruhe bewahren, da jede der drei Fähigkeiten erlernbar ist. Wie jeder andere Lernprozess erfordert auch dieser Geduld und vor allem Durchhaltevermögen. Sie sollten während Ihres Lernprozesses im Hinterkopf behalten, dass jede

Person unterschiedlich schnell lernt und Sie sich, wenn es um Ihre eigenen Fähigkeiten geht, nicht an anderen Menschen orientieren sollten. Sehen Sie also davon ab, sich mit Personen zu vergleichen, die Ihrer Meinung nach über eine bessere Redetechnik als Sie selbst verfügen.

Im folgenden Teil dieses Ratgebers finden Sie einen Umsetzungsplan, welcher zehn Tipps beinhaltet, mit deren Hilfe es Ihnen leichter fallen wird, in der Zukunft nicht nur an Ihren Redetechniken zu arbeiten, sondern sie dann auch erfolgreich umzusetzen.

10-PUNKTE-UMSETZUNGSPLAN

Lösungsorientiertes Denken
Vor allem während Diskussionsgesprächen oder Streits wird oft vergessen, was das Ziel des Gesprächs ist, da der Gesprächsinhalt selbst meist auf eine emotionale Ebene gehoben wird. Daher lautet dieser Tipp: Vergessen Sie, während der Diskussion bei lösungsorientierten Gedanken zu bleiben, und vergessen Sie nicht, dass Sie dieses Gespräch führen, um eine gemeinsame Lösung zu finden,

mit welcher beider Parteien zufrieden sind, nicht um mit der Person im Streit auseinanderzugehen.

Um dies umzusetzen, können Sie versuchen, Ihren Gesprächspartner nicht als einen Kontrahenten wahrzunehmen, denn Sie sprechen nicht gegeneinander, sondern miteinander. Sehen Sie Ihr Zusammenkommen als eine Zusammenarbeit an, nicht als ein Gegeneinander, und versuchen Sie, auf Ihr Gegenüber einzugehen und mit ihm zu arbeiten. Merken Sie, dass Ihr Gespräch zu keiner Lösung kommt, könnten Sie versuchen, die Perspektiven beider Gesprächsparteien aufzuzeigen, wobei Sie auch versuchen, gegenseitig auf die emotionalen Ebenen einzugehen. Wenn Sie Ihre Perspektiven aufgezeigt haben, können Sie versuchen, ein gemeinsames Fazit zu ziehen und sich von Ihrer kontrahierenden Einstellung zu entfernen. Sollten Sie Probleme mit der Klarstellung Ihrer Perspektiven, Argumente oder Meinungen haben, können Sie sich auch ein Blatt Papier zur Hand nehmen, um Ihre beiden Punkte aufzuschreiben.

Eine erfolgreiche Rhetorik basiert darauf, dass Sie kompromissbereit sind und sich nicht einfach nur streiten, um sich zu streiten und Ihre überflüssige Energie auszulassen, welche sich über den Tag angestaut hat. Auch wenn Sie eine Rede halten, sollte Ihr Ziel nicht darin bestehen, gegenüber Ihren Zuhörern so cool wie möglich zu wirken. Ihr Fokus sollte darauf liegen, Sie auf der Sachebene sowie auf einer emotionalen Ebene abzuholen, indem Sie menschlich bleiben und die Thematik greifbar ist. Ein lösungsorientiertes Denken hilft Ihnen dabei, Ihre Argumente klar darstellen zu können und darüber hinaus schlagfertig zu sein, da Sie wissen, dass Ihr Ziel nicht darin besteht, Ihr Gegenüber mit einer schlagfertigen Antwort aus dem Verkehr zu ziehen, sondern die Situation von ihrer Anspannung zu befreien. Gehen Sie mit einem gelassenen Mindset in ein Gespräch, kann es gar nicht erst dazu kommen, dass Sie sich und Ihren Gesprächspartner gegenseitig aufheizen und es zu einer ausfälligen Situation kommt.

Ihr Ziel ist es, eine gute Argumentation zustande zu bringen und eine gute Rhetorik anzuwenden, welche Ihr Gespräch voranbringt. Versuchen Sie nicht, Ihr Gegenüber rhetorisch zu manipulieren, sondern auf allen Gesprächsebenen wertschätzend und verständnisvoll zu bleiben.

Handelt es sich um eine Diskussion, sollten Sie für Ihre Argumentation im Hinterkopf behalten, dass es immer mehrere Lösungsvorschläge gibt, nicht nur einen und vor allem nicht nur Ihren eigenen. Wenn Sie genug Zeit haben, um sich auf ein Diskussionsgespräch vorzubereiten, sollten Sie immer versuchen, mehrere Lösungsvorschläge zu finden und auch während des Dialogs kompromissbereit zu bleiben. Behalten Sie jedoch bei, vor jeder Diskussion oder auch während Ihres Alltags Entscheidungen zu treffen und sich zu den verschiedenen Themen eine Meinung zu bilden. Nur, wenn Sie wissen, was Sie wirklich wollen, können Sie auch über Ihr Anliegen diskutieren und darüber hinaus im Konversationsverlauf an Ihrer Position arbeiten. Wenn Sie wissen, was zu tun ist, wird es Ihnen leichter fallen, sich zu artikulieren.

Haben Sie mehrere Lösungsvorschläge gefunden, so können Sie diese im Anschluss bewerten. Werfen Sie dabei auch einen Blick auf den Prozess der Problemfindung und kontrollieren Sie, welche Partei der Diskussionsrunde den größten Anteil daran hatte. Kontrollieren Sie, ob Sie Ihr ursprüngliches Ziel erreicht haben oder inwiefern

Ihre Lösung von Ihrer eigentlichen Planung abweicht.

Einen kühlen Kopf bewahren

Versuchen Sie, Ihre Gelassenheit so anzuwenden, dass Sie nichts aus der Ruhe bringen kann. Halten Sie eine Rede, sorgt ein kühler Kopf für mehr Kontrolle und eine langsamere Sprache, welcher die Zuhörer gut folgen können. Handelt es sich um das Argumentieren, hilft Ihnen Ihre Gelassenheit dabei, Ihre Gedanken zu ordnen. Wenn Sie sich gar nicht ernst unter Druck setzen lassen, kommt es auch nicht dazu, dass Sie ins Stottern verfallen oder sprachlos sind und sich nicht zu helfen wissen. Mit einer ruhigen Attitüde haben Sie genug Zeit, über Formulierungen nachzudenken, sei es während einer Rede oder einem Gespräch.

Folgen Sie diesem Rat, werden Sie besser mit Streitgesprächen und Diskussionen umgehen können, da Sie Beleidigungen oder negative Anmerkungen nicht zu ernst nehmen, ohne sie dabei auf die leichte Schulter zu nehmen. Bewahren Sie einen kühlen Kopf, können Sie einen bösen Unterton oft einfach überhören und davon absehen, mit einer Gegenbeleidigung zu antworten. Genau wie bei einem physischen Angriff ist der erste Reflex nach einem verbalen Angriff, die Flucht zu ergreifen und sich auf die bestmögliche Art aus der Situation zu entwinden. Bleiben Sie jedoch ruhig, perlen die negativen Formulierungen einfach an Ihnen ab und Sie können weiterhin versuchen, lösungsorientiert zu denken und der Diskussion mehr Sinn zu geben.

Neben dem lösungsorientierten Denken kostet auch dieser Schritt viel Ausdauer. Um ein gesundes Mindset zu erlangen, können Sie es z. B. mit Meditation versuchen. Dies hat eine langfristig positive Wirkung auf Ihre Einstellung, genauso wie auf Ihre Konzentrationsfähigkeit und Ihr Selbstbewusstsein. Sie wirken selbstsicher und können souverän in ein Gespräch starten und haben weniger Probleme damit, einen Vortrag oder eine Rede zu halten, da Sie so schnell nichts aus der Fassung bringen kann.

Dieser Schritt Ihrer Selbstpotenzierung beinhaltet also, dass Sie während Gesprächen in sich bleiben und sich von Zeit zu Zeit eventuell auch selbst daran zu erinnern, einfach ein paar Mal tief durchzuatmen und sich für ein paar Augenblicke von der Situation zu entfernen, um sie aus verschiedenen Perspektiven betrachten zu können. So können Sie nach einer schroffen Anmerkung Ihres Gegenübers entweder sofort eine schlagfertige Antwort hervorbringen, da Sie selbstsicherer geworden sind, oder sich mit genau so viel Souveränität dafür entscheiden, die Situation zu deeskalieren und aufzuzeigen, dass verbale Angriffe zu keiner Lösung führen und Sie eine gelassene, kompromissbereite Konversation vorziehen würden.

Um gelassen zu sprechen und eine schlüssige Argumentation hervorzubringen, hilft es Ihnen, Ihren Gesprächen nicht zu viel Wichtigkeit zuzuschreiben. Dies wird Ihnen dabei helfen, nicht so schnell angreifbar zu sein und die Provokationen locker zu sehen, da Sie wissen, dass Ihr Gegenüber keine Stärke zeigt, indem er Sie beleidigt oder versucht, sich durch einen verbalen Angriff größer zu machen.

Versuchen Sie also, sich innerlich zu distanzieren und das Problem von der Lösung zu trennen. Mit genug Geduld und Ausdauer können Sie Ihren Ärger und Frust in aufkommenden Streits oder Diskussionen unter Kontrolle bringen.

Physisch können ein steigender Blutdruck, Schweiß oder auch Tränen emotionalen Stress ankündigen. Merken Sie, dass Sie nervös werden, können Sie versuchen, auf eine kurze Meditation zurückzugreifen und so Ihre Gedanken zu ordnen, um eine erfolgreiche Rhetorik weiterhin aufrechtzuerhalten. Durch einen bereits genannten Perspektivwechsel können Sie sich die folgenden Fragen stellen: Was passiert gerade? Warum reagiere ich, wie ich reagiere? Lohnt sich meine Aufregung?

Einige Studien bestätigen, dass 93 % der Sorgen, die wir uns machen, unbegründet sind und diese nur in unserem Kopf existieren, aber nirgendwo sonst. Versuchen Sie also, den Auslöser Ihrer Unruhe zu relativieren und in sich zu kehren. Befinden Sie sich bspw. inmitten einer Argumentation, versuchen Sie, ruhig zu bleiben und sich daran zu erinnern, wie eine These aufgebaut ist und man Sie am besten verteidigt.

Sollten Sie längerfristig Probleme mit einer negativen Einstellung haben und sich selbst dabei ertappen, in einigen Gesprächen überreagiert zu haben, so wird Ihnen der Versuch helfen, Ihre Gedanken selbst zu lenken. Wenden Sie sich von den negativen Seiten Ihrer Situation ab und versuchen Sie, den Fokus auf die positiven Seiten und all die Möglichkeiten zu legen, um Ihrer Wahrnehmung einen Perspektivwechsel zu ermöglichen. Sie sollten das Negative dabei nicht komplett aus Ihren Augen verlieren oder gar ignorieren, sondern einfach anders damit umgehen. Versuchen Sie, Ihre eigenen Fehler oder negative Aspekte nicht zu ernst zu nehmen.

Dies sollte vor allem in Dialogen jedoch auf Gegenseitigkeit basieren. Beide Parteien sollten offen für Neues und kompromissbereit sein. Behalten Sie dabei jedoch im Hinterkopf, dass Sie erst die Ruhe in sich selbst finden sollten, bevor Sie von Ihrem Umfeld erwarten, gelassen zu reagieren. Hören Sie daher auf, Dinge kontrollieren zu wollen, auf die Sie keinen Einfluss haben. Machen Sie sich keine unnötigen Sorgen.

Neben verschiedenen Atemtechniken können Sie es auch mit der progressiven Muskelentspannung versuchen. Bei dieser schließen Sie die Augen und versuchen, Ihren ganzen Körper bewusst wahrzunehmen. Dabei werden Sie sich abwechselnd auf Ihre Muskeln und die wirkenden Kräfte innerhalb Ihres Körpers konzentrieren. Lenken Sie

Ihre Aufmerksamkeit dabei nach und nach auf Ihre verschiedenen Körperteile und starten Sie mit Ihrem Kopf und enden Sie mit Ihren Füßen. Versuchen Sie, zu spüren, wie Ihr Körper immer schwerer wird und sich auf dem jeweiligen Untergrund befindet. Während Ihr Fokus auf einer bestimmten Muskelgruppe liegt, können Sie versuchen, diese bewusst anzuspannen und danach wieder zu entspannen. Wenn Sie merken, dass Sie durch den Tag zu viel Energie in sich haben, können Sie es auch mit einer Runde Sport versuchen. Diese wird Ihnen nicht nur dabei helfen, überschüssige Energie abzubauen, sondern auch, Ihren Kopf freizubekommen und sich gedanklich von der Problemthematik zu befreien.

Situation erkennen

In jedes Gespräch gehen Sie mit einem anderen Mindset. Dies liegt nicht nur an verschiedenen Thematiken, sondern auch daran, dass Sie verschiedene Gespräche mit verschiedenen Personen führen. Es kommt nicht nur darauf an, wie Sie zur Thematik stehen, sondern auch darauf, wie Sie mit der Person umgehen, wie Sie zu ihr stehen und, welche Geschichte Sie haben. Sind Sie der Person positiv zugewandt, werden Sie mit großer Wahrscheinlichkeit positiver und lösungsorientierter in die Konversation gehen als mit einer Person, mit welcher Sie in der Vergangenheit schlechte Erfahrungen gemacht haben. Haben Sie mit Ihrem Gegenüber eine gute zwischenmenschliche Beziehung, gehen die Diskussionen meist gelassen aus, da Sie wissen, dass Sie über das Problem hinwegsehen können, da Ihnen Ihre Beziehung zueinander wichtiger ist als ein dahergekommenes Problem. Sind Sie an die rhetorischen Fähigkeiten und die Argumentation genauso wie den Humor Ihres Gesprächspartners gewöhnt, können Sie die eine oder andere Unannehmlichkeit eventuell schon vorhersehen und verhindern, dass sie zustande kommt, indem Sie einen Kompromiss eingehen.

Kennen Sie Ihr Gegenüber jedoch nicht so gut, kann es für Sie beide schwierig werden, sich aufeinander einzulassen.

Halten Sie eine Rede, so können die Reaktionen Ihrer Zuhörer auch abhängig von der jeweiligen Herkunft und der zugehörigen Kultur abhängig sein. Vor allem bei einem großen Publikum, zu welchem keine zwischenmenschliche Beziehung besteht, sollten Sie nicht vergessen, dass Sie nicht den Geschmack jeder einzelnen Person treffen können und Sie darüber hinaus auch keinen Einfluss darauf haben, wie andere Menschen mit Ihren Aussagen umgehen.

Erinnern Sie sich bei der Vorbereitung auf ein Gespräch also auch daran, an die Emotionalität und Angreifbarkeit Ihres Gegenübers zu denken. Versuchen Sie herauszufinden, ob die Person schnell angreifbar ist und mit stressbehafteten Situationen gut umgehen kann. Befinden Sie sich in einem aufreibenden Gespräch und Sie bemerken, dass sich ein beleidigender Kommentar anbahnt, können Sie entweder versuchen, sich bereits jetzt einen geeigneten Konter zu überlegen, oder dafür, die Spannung aus der Situation zu nehmen, den Kommentar an sich abprallen zu lassen und gelassen zu reagieren. Welchen Ausweg Sie nehmen, ist dabei Ihnen überlassen, aber behalten Sie im Kopf, dass Sie sich ein Stück weit auf Ihr Gegenüber einlassen müssen. Wie schon beschrieben, erzählen Sie miteinander und nicht gegeneinander.

Natürlich ist es auch möglich, dass Sie nach ein paar Minuten, mitten in einem Gespräch merken, dass sich Ihr Gegenüber angegriffen fühlt und Ihnen auffällt, dass Sie eine beleidigende Aussage getroffen haben, welche Ihren Gesprächspartner wohl emotional getroffen hat. Versuchen Sie, ehrlich zu sein und sich für Beleidigungen zu entschuldigen. Sie sollten versuchen, sachlich zu bleiben und sich in Ihr Gegenüber hineinzuversetzen.

Um eine Situation einschätzen zu können, hilft es immer, sich von der eigenen subjektiven Wahrnehmung zu lösen und zu versuchen, eine andere Perspektive einzunehmen. Bei dieser muss es sich nicht zwangsläufig um die Ihres Gegenübers handeln. Versuchen Sie, von Zeit zu Zeit die Vogelperspektive einzunehmen, um beide Seiten objektiv wahrnehmen zu können. Der Perspektivwechsel wird Ihnen bei Ihrem Prozess der Selbstreflexion behilflich sein und Sie dazu anregen, über sich selbst nachzudenken und die eigenen Ansichten in der Metaebene zu optimieren. Mit diesem Wechsel betreiben Sie ein sogenanntes „Reframing", durch welches Sie den Rahmen der Situation wahrnehmen und sich darüber hinaus einen zweiten, eigenen Rahmen um die jeweilige Situation bilden.

Um dies erfolgreich umzusetzen, kann auch der Perspektivwechsel trainiert werden. Sie können sich damit bspw. auf eine Diskussion vorbereiten, indem Sie sich im Vorhinein Gedanken über mögliche Argumente beider Parteien machen und somit schon mal mehr als eine Perspektive einnehmen. Eine Steigerung dessen wäre, dass Sie den Dialog als einen Dialog mit sich selbst simulieren. Handelt es sich um ein Gespräch innerhalb Ihres Berufes, können Sie versuchen, sich bspw. in einen speziellen Kunden hineinzuversetzen. Geht es um den Kauf eines bestimmten Produktes, könnten Sie sich selbst fragen, worauf Sie bei einem Kauf dieses Produktes beachten würden, um das Produkt selbst optimieren zu können.

Darüber hinaus hilft es auch, sich in bestimmten Situationen eine zweite oder dritte Meinung einzuholen, wodurch Sie auch Ihre Perspektive erneut erweitern können. Zwar handelt es sich um Ihr eigenes Problem, jedoch sollten Sie wissen, dass Sie nicht dazu gezwungen sind, sich allein damit auseinanderzusetzen, sondern Ihre Probleme durchaus auch mit Ihren Mitmenschen teilen und besprechen können, sofern Sie sich damit wohlfühlen würden. Finden Sie sich gern oft in einer kreativen Umgebung wieder, kann ein Perspektiv-wechsel bspw. auch durch ein Improvisationsthe-ater stattfinden, indem Sie nicht nur verschiedene Gedankengänge nachvollziehen können sollten, sondern auch dazu fähig sein, Ihre Emotionen von einem auf den anderen Moment ändern zu können und somit auch mehr Selbstbeherrschung zu er-langen.

Um sich in so viele Menschen wie möglich versetzen zu können, gehört auch dazu, mit dem Verurteilen von Handlungen anderer Menschen aufzuhören. Vielleicht sind Sie von dem Verhalten Ihrer Mitarbeiterin Ihres Jobs genervt, jedoch wis-sen Sie nicht, womit sich Ihre Mitbewohnerin ge-rade emotional auseinandersetzen muss und dass sie gerade so viele Alltagsaufgaben übernimmt, die allein eigentlich gar nicht zu händeln sind. Von manchen Menschen kommen verbale Angriffe gar nicht aus einer bösen Motivation heraus, sondern weil Sie mit Ihrer aktuellen Gesamtsituation über-fordert sind. Wenn Sie mit der Annahme in das Gespräch gehen, dass es gute Gründe für das Ver-halten Ihres Gegenübers gibt, sind Sie nicht so leicht aus der Fassung zu bringen, da Sie Ihrem

Gesprächspartner mehr Verständnis entgegenbringen.

Allgemeinwissen und Wortschatz verbessern

Die Basis einer guten Rhetorik, Argumentation sowie einer guten Technik der Schlagfertigkeit liegt in einem großen Wortschatz. Je mehr Wörter Sie kennen, desto leichter wird es Ihnen fallen, sich verschiedene Formulierungen einfallen zu lassen. Vielleicht lernen Sie sogar ein paar neue lustig Begriffe, welche Sie anwenden können, wenn Sie einen sarkastischen Konter hervorbringen wollen. Verbessern Sie Ihr Allgemeinwissen, so haben Sie die Chance, umfangreichere Argumente zu bilden und Ihr Wissen vielfältig anzuwenden. Dabei gibt es unzählige Wege, wie Sie Ihr Allgemeinwissen verbessern können. Die einfachste Variante wäre wahrscheinlich, ein Buch zu lesen und mit diesem vielleicht sogar in eine neue Welt einzutauchen, wodurch Sie erneut die Möglichkeit bekommen, Ihre Perspektive zu wechseln und somit Ihren Horizont zu erweitern. Auch für Ihr Mobilfon gibt es unterschiedliche Lernapps, mit denen Sie Ihr Wissen erweitern können.

Wenn Sie jedoch keine große Lust auf viel Aufwand haben, können Sie sich auch Filme oder Dokumentationen ansehen oder vielleicht sogar an kulturellen Aktivitäten teilnehmen, um in andere Welten einzutauchen und Ihren Blick auf die Welt zu verändern.

Lesen hilft Ihnen natürlich auch dabei, Ihren Wortschatz zu erweitern. Genauso gut können Sie auch versuchen, anderen Personen in Konversationen so aufmerksam wie möglich zuzuhören und ihre Art der Rhetorik zu verstehen. Dabei kann Ihnen auch auffallen, dass andere Personen für bestimmte Wörter Synonyme benutzen, von denen Sie vorher vielleicht noch nie gehört haben. Um auch in stressbehafteten Situationen schlüssig argumentieren zu können, können Sie auch das Formulieren an sich üben, indem Sie sich einen bestimmten Satz zur Hand nehmen, auf ein Blatt Papier schreiben und versuchen, diesen Satz so oft es geht umzuformulieren. Dies können Sie natürlich mit beliebig vielen Sätzen durchführen.

Eine ähnliche Übung wäre es, Wortfelder zu bilden. Dabei schreiben Sie ein beliebiges Wort auf ein Blatt Papier und versuchen, so viele Wörter zu finden, die Ihnen in Bezug auf Wort in den Kopf kommen.

Neben Büchern ist es auch sinnvoll, sich mit Lyrik auseinanderzusetzen. Dies bedeutet, sich Gedichte, Songtexte oder auch Kurzgeschichten anzusehen und darauf zu achten, welcher Klang oder Rhythmus sich dahinter verbirgt und was die Texte eigentlich ausdrücken wollen, da hinter den meisten lyrischen Werken ein tieferer Sinn steckt, welcher hinter guten Formulierungen versteckt ist.

Ein weiteres Planspiel kann es sein, einen Begriff zu beschreiben, ohne die dafür offensichtlichen Wörter zu verwenden. Wollen Sie bspw. das Wort Sommer beschreiben, so dürften Sie nicht die Begriffe „Hitze", „Urlaub" oder „Sonnencreme" verwenden. Nehmen Sie sich für diese Übung genug Zeit und versuchen Sie, genug Geduld mit sich selbst zu haben, da es bei einem kurzen Ausfall Ihrer Kreativität schnell dazu kommt, dass Sie die Aufgabe aufgeben und keine Lust mehr darauf haben, da Ihnen nicht sofort passende Begriffe einfallen.

Schreiben Sie eine Argumentation, Interpretation oder Erörterung, eventuell für die Schule, so können Sie Ihren Text von verschiedenen Online-Tools prüfen und auswerten lassen. Manchmal wiederholen Sie Wörter innerhalb eines Textes, ohne dass es Ihnen auffällt. Lesen Sie Ihre Texte daher nach der Fertigstellung immer noch mehrmals durch, um vor allem grammatikalische Fehler so gut es geht zu vermeiden.

Achten Sie auf Ihre Körpersprache
Der fünfte Tipp besteht darin, dass Sie darauf achten, souverän und selbstsicher aufzutreten. Dabei geht es nicht nur darum, dass Sie einen kühlen Kopf bewahren können, sondern auch in stressigen Situationen einen gelassenen Körper haben. Die Idealvorstellung besteht aus einer aufrechten Körperhaltung und einem gesunden Blickkontakt – wenn Sie sich in einem Dialog befinden. Halten Sie eine Rede oder einen Vortrag, so sollten Sie darauf achten, frei zu sprechen und nicht an Ihren Notizzetteln zu kleben. Wirken Sie nicht angespannt, hat auch Ihr Gesprächspartner eine größere Chance, sich in Ihrer Gegenwart wohlzufühlen. Treten Sie souverän auf, merkt Ihr Gesprächspartner, dass Sie keine Angst davor haben, Fehler

zu machen, und er bekommt den Eindruck, dass Sie für jedes mögliche Argument gut gewappnet sind. Sehen Sie davon ab, sich ins Gesicht zu fassen oder während eines Gesprächs an Ihren Klamotten zu spielen, da dies implizieren könnte, dass Sie nervös und unsicher sind oder dem Gespräch auch offensichtlich nicht genug Aufmerksamkeit schenken, da Sie sich anderweitig Beschäftigung suchen. Sind Sie anderer Meinung als Ihr Gegenüber, sollten Sie versuchen, Ihre Arme nicht vor der Brust zu verschränken, da es so wirkt, als würden Sie sich vor Ihrem Gesprächspartner regelrecht verschließen.

Zwar gelten diese Regeln als ein Schlüssel einer erfolgreichen Körperhaltung, jedoch sollten Sie wissen, dass jede Person unterschiedlich mit Ihrer Gestik umgehen wird. Auf die eine Person mag es eine angespannte Wirkung haben, wenn Sie sich ins Gesicht fassen oder an Ihrem Oberteil herumspielen, während sich die andere Person nichts daraus macht. Der beste Weg ist auch hier, zu versuchen, in allen Situationen so ruhig wie zu bleiben.

Nehmen Sie sich selbst nicht zu ernst

Lernen Sie, einstecken zu können und mit eigenen Fehlern umzugehen. Wenn es zu Fehlern kommen sollte, sehen Sie davon ab, böse auf sich selbst zu sein und im Nachhinein noch länger über Ihren Fehler nachzudenken und im schlimmsten Falle sogar noch im Selbstmitleid zu versinken. Lassen Sie Fehler zu und versuchen Sie, aus Ihnen zu lernen und ein positives Fazit aus einer negativen Handlung zu ziehen. Haben Sie gelernt, Fehler zuzulassen, sollte es Ihnen auch leichter fallen, über Sie selbst zu lachen, was sich wiederum positiv auf Ihren Humor auswirkt, welchen Sie in Ihre Rhetorik einbauen können. Diesen benötigen Sie nicht nur bei einem sarkastischen Konter, sondern er wird Ihnen auch dabei helfen, in aufregenden Situationen ruhig zu bleiben, da Sie sich selbst und die Problemsituation nicht zu ernst nehmen.

Dieser Schritt sollte Ihnen auch bewusst machen, dass es bei Streitgesprächen nicht darum geht, einer Partei die Schuld zuzuschieben. Es wird Sie in der Diskussion nicht weiterbringen, wenn Sie sich selbst in den Himmel loben und davon ausgehen, dass Sie nichts falsch gemacht haben. Es geht darum, Fehler zu verzeihen und aus ihnen die richtigen Schlüsse zu ziehen, sodass es in Zukunft zu keinem solchen Fehler mehr kommen kann. Hat Ihr Gegenüber einen offensichtlichen Fehler begangen, zeigen Sie im bestmöglichen Falle Empathie und gehen Sie auf Ihr Gegenüber zu, um ihm klarzumachen, dass Fehler menschlich und notwendig sind, um sich selbst weiterzuentwickeln.

Darüber hinaus kann etwas Humor nie schaden. In vielen Fällen hilft es schon, einen kurzen Witz über die Thematik zu äußern, um die allgemeine Stimmung zu lockern und klarzumachen, dass Sie nicht auf eine angespannte Atmosphäre aus sind, sondern ein angenehmes Zusammenleben ermöglichen wollen. Auch bei Streit zwischen zwei oder mehreren Personen, die sich schon seit Jahren nah sind, kann ein Witz den Konversationsknoten schnell lösen und für Harmonie sorgen.

Zeigen Sie Emotionen

Während es bei einer Rede wichtig ist, professionell zu wirken, und auch in einem Gespräch souverän wirkt, wenn Sie die Sachebene von der emotionalen Ebene trennen, holen Sie Ihre jeweiligen Zuhörer noch immer am schnellsten ab, wenn Sie sie emotional berühren und dort abholen, wo sie gerade stehen. Ist Ihnen eine Thematik wirklich wichtig, sollten Sie Ihre Passion auch klar äußern. Dies kann Ihnen vor allem dabei behilflich sein, ernst genommen zu werden, da Sie Ihrem Gegenüber zeigen, dass es sich um eine wichtige Situation handelt und Sie sich bewusst Zeit für ein Gespräch zu diesem Thema genommen haben. Gerade bei einer Argumentation ist es wichtig, nicht nur auf die Sachebene einer Thematik einzugehen, sondern auch auf emotionale Interessen einzugehen.

Beachten Sie hierbei jedoch, dass dies nicht bedeutet, dass Sie sich angreifbar machen. Sie können durchaus gleichzeitig über Ihre Emotionen sprechen und an die Moral Ihrer Zuhörer appellieren, ohne dadurch schwächer zu wirken, als Sie eigentlich sind. Vor allem in Bezug auf die Schlagfertigkeit ist es sinnvoll, an die Moral des Gegenübers zu appellieren, falls Ihr Gesprächspartner einen offensichtlichen Fehler gemacht hat, da diese Art des Appells in jedem Falle auf die fehlende Empathie Ihres Gegenübers hinweist, was die Person deutlich weniger souverän dastehen lässt.

Sie können emotional werden, ohne sich selbst angreifbar zu machen. Gehen Sie darüber hinaus auch auf Ihre eigenen Fehler ein und zeigen Sie, dass Sie reflektiert sind und sich Ihrer eigenen Aussagen bewusst sind. Dieser Schritt wird Sie für Ihren Gesprächspartner deutlich greifbarer machen und dafür sorgen, dass er sich im Gespräch auf Sie einlässt.

Fokussieren Sie sich auf das Positive

Denken Sie optimistisch. Vor allem, wenn Sie darauf setzen, eine sinnvolle Argumentation hervorzubringen, kann es hilfreich sein, Ihre bereits genannten Argumente auszuwerten und einen Blick auf den vergangenen Gesprächsverlauf zu werfen, wodurch Sie dann einige positive Schlüsse ziehen können. Fokussieren Sie sich nicht auf Ihre Fehler, sondern hangeln Sie sich an Ihren – wenn auch kleinen – Fortschritten entlang und machen Sie lieber viele kleine Schritte, anstatt gleich zu viel von sich selbst zu verlangen und Dinge zu überstürzen. Denken Sie während Ihrer Reden nicht nur positiv, sondern versuchen Sie auch innerhalb Ihrer Argumentation, die Vorteile Ihres Lösungsvorschlags in den Vordergrund zu stellen. Dies wird eine überzeugendere Wirkung haben, als wenn Ihr Fokus auf den Nachteilen des Vorschlages Ihres Gegenübers läge.

Behalten Sie jedoch im Hinterkopf, dass die Dinge nicht per se gut oder schlecht sind und die Welt nicht in Schwarz und Weiß unterteilt ist. Ein Perspektivwechsel wird Ihnen dabei helfen, zu erkennen, dass vielen Dingen nicht nur eine Wertung zugeschrieben werden kann und sie aufgrund dessen nicht pauschalisiert werden können.

Bei Ihrer Rhetorik hilft Ihnen ein Blick auf das Positive dabei, in jeder passablen Situation so gelassen wie möglich bleiben zu können. Anstatt sich auf die Kommunikationsfehler oder vielleicht sogar die Mängel Ihres Gegenübers konzentrieren, blicken Sie auf die Fortschritte und die kleinen Kompromisse, für welche Sie während Ihres Gesprächs schon gesorgt haben. So wird Ihnen dieser Tipp bei der Schlagfertigkeit z. B. dabei helfen, auf freche Kommentare gelassen zu antworten und eine   mit   Humor   behaftete   Antwort hervorzubringen, da Sie Ihren Fokus bewusst von dem negativ behafteten Kommentar abwenden.

Um dies zu trainieren, wäre eine Möglichkeit, ein Dankbarkeitstagebuch zu führen. In dieses trage Sie jeden Tag Dinge ein, für die Sie dankbar sind, wodurch Ihr Fokus automatisch auf die positiven Aspekte Ihres Tages gelenkt wird. Verfolgen Sie diese Tätigkeit regelmäßig, werden Sie sich an den positiven Blickwinkel gewöhnen und anfangen, diesen auch auf andere Sachen als auf Ihren Tagesverlauf zu beziehen und beginnen, diesen in Ihre Kommunikation einzubauen. Vor allem in Diskussionsgesprächen wird Sie eine positive Attitüde voranbringen, da sich Ihr Gegenüber besser aufgehoben fühlen wird, wenn es merkt, dass Sie positiv und kommunikationsfreudig in die Konversation starten.

Notfallsprüche parat halten

Nicht jede Person kann ein Naturtalent der Improvisation sein. Eine gute Vorbereitung ist alles. Halten Sie sich also ein paar Sprüche bereit, welche für jede Situation passend sein können. Wie wäre es zum Beispiel mit: „Na, Gott sei Dank weißt du es besser und kannst es anders machen!"? Mit dieser Antwort können Sie nichts falsch machen, da Sie Ihr Gegenüber nicht nur darauf hinweisen, dass seine Antwort unangebracht war, sondern ihm auch eine sarkastische Grube schaufeln. Ein paar weitere Beispiele wären: „Wenn Sie das sagen, wird es wohl stimmen", „Sie sprechen hörbar, aber nicht verstehbar" oder auch „Aus Ihrem Mund klingt das irgendwie kleinkariert". Behalten Sie diese Sprüche im Hinterkopf, kann nichts schiefgehen.

Denken Sie daran, dass Ihr Konter davon lebt, wie überraschend er kommt. Je eher Sie Ihrem Gegenüber also einen Ihrer Sprüche entgegenbringen können, desto effektiver wird er sein. Vergessen Sie nicht, die Antworten immer wieder zu üben, um sie zu festigen und im richtigen Moment aus der Tasche ziehen zu können. Versuchen Sie, sich immer wieder an Ihre Antworten zu erinnern und diese auch von Zeit zu Zeit zu variieren. Üben Sie die Antworten auch zu Hause für sich, denn wenn es so weit ist, müssen die Antworten im richtigen Moment kommen, ohne dass Sie lang darüber nachdenken können. Sie müssen dabei nur die richtige Auswahl treffen. Versuchen Sie,

diese an Ihr Gegenüber sowie an die Situation an-
zupassen.

Sarkasmus einbauen

Um Ihrer Rhetorik eine gewisse Schärfe zu verlei-
hen, sollten Sie versuchen, Ironie und Sarkasmus
als rhetorische Mittel in Ihre Rede einzubauen.
Vorher sollten Sie jedoch die Konzepte dieser beiden Begriffe verstehen. Wenn Sie eine ironische
Aussage treffen wollen, müssen Sie darauf achten,
dass diese Ihren eigenen Überzeugungen und
Werten widerspricht. Stellen Sie dabei jedoch sicher, dass Ihr Publikum über Ihre Werte und Normen Bescheid weiß und Sie gut genug kennt, um
die Falschaussage zu enttarnen, da Ihre Aussage
sonst ins Leere laufen könnte. Packen Sie Ihre
Aussage dabei nicht zu sehr in Watte und versuchen Sie nicht, sie auszuschmücken, da Sie bewusst daraufhin streben, dass Ihre Aussage ent-
tarnt wird, um bei Ihrem Gegenüber Aufmerksamkeit zu erwecken.

Dabei hat Ironie verschiedene Wirkungen.
Eine dieser Wirkungen ist, eine bestimmte Situation aufzulockern. Wenn Sie also bspw. der

Meinung sind, dass Sie gerade eine unbegründete Diskussion führen, könnten Sie versuchen, einen passenden ironischen Spruch hervorzubringen. Würden Sie z. B. umziehen und einer Ihrer Umzugshelfer lässt Ihren Spiegel fallen, könnten Sie reagieren mit: „So einen Spiegel wollte ich schon immer mal haben!".

Eine andere Situation, welche sich für die Anwendung von Ironie eignet, ist, wenn Sie sich in einer hitzigen Situation befinden und Sie nicht wissen, wie genau Sie Ihre Kritik äußern sollen oder Sie sie nicht direkt aussprechen wollen, da Sie nicht sicher sind, wie Ihr Gegenüber damit umgehen wird. Um Ihren Punkt dennoch zu verdeutlichen, könnten Sie die Kritik in einen Witz verpacken. Sitzen Sie also im Matheunterricht und Ihr Lehrer redet so langsam, dass Sie immer müder werden und beinahe nicht mehr am Unterricht teilnehmen können, könnten Sie zu Ihrer Banknachbarin sagen: „Kann er noch langsamer reden?". Diese Aussage ist gleichzeitig eine rhetorische Frage. Als diese bezeichnet man jene Fragen, auf welche man die Antwort schon kennt. Man stellt Sie ebenfalls, um auf Kritik hinzuweisen.

Der Unterschied zwischen Ironie und Sarkasmus liegt darin, dass Sie beim Verwenden von Sarkasmus darauf abzielen, Ihr Gegenüber zu korrigieren und es darüber hinaus zu verhöhnen. Sind die hinter dieses Konzept gestiegen, können Sie passiv aggressive Aussagen verschlüsseln. Merken Sie sich also, dass Sarkasmus immer für eine schädigende Aussage genutzt wird. Vor allem unter Freunden ist Sarkasmus sehr beliebt, da man ihn gut in stichelnde Aussagen verpacken kann.

Dabei muss Sarkasmus nicht immer schlecht sein, sondern kann auch als ein Ausdruck von Humor genutzt werden. Dabei müssen Sie nur darauf achten, ob Sie den Sarkasmus direkt oder indirekt gebrauchen. Richten Sie ihn direkt an Ihr Gegenüber und packen Sie dieses nicht in Watte, werden Sie eine Beleidigung oder Kritik eindeutig rüberbringen und es wird kein Zweifel daran bestehen, dass diese bei Ihrem Gegenüber unmissverständlich ankommt. Wenden Sie ihn jedoch indirekt an, muss Ihr Gegenüber den Hohn zunächst entschlüsseln und Ihre Kritik hat meist eine noch stärkere Wirkung, da sie Sie noch cleverer dastehen lässt. Außerdem ist ein gewisses Allgemeinwissen bzw. ein gewisser Grad an Intelligenz gefragt, wenn es darum geht, Sarkasmus zu verstehen.

Behalten Sie im Kopf, dass Sie sich selbst nicht zu ernst nehmen dürfen. Wenden Sie Sarkasmus erfolgreich an, kann sich dies positiv auf Ihren Charakter und Ihr Selbstbewusstsein auswirken. Darüber hinaus verbessern sich Ihre kognitiven Fähigkeiten und natürlich Ihre Rhetorik, da Sie herausfinden müssen, wie Sie den Sarkasmus richtig in einen Satz einbauen und die Aussage so formulieren, dass sie ankommt, wie sie ankommen soll.

Ein gutes Zitat zum Thema Sarkasmus von Sokrates besagt: „Heirate oder heirate nicht, du wirst beides bereuen." Dabei steckt hinter diesem Zitat eine wahre Aussage, welche besagt, dass man viel verpasst, wenn man sich auf eine Liebe nicht einlassen mag, auf der anderen Seite jedoch können Sie auch einen Hohn entdecken, welcher darauf abzielt, an die negativen Seiten eines Zusammenlebens zu erinnern.

Oft wird Sarkasmus auch in der Form der Polemik verwendet, bspw. in journalistischen Beiträgen oder politischen Gesprächen. Dabei gibt es in dieser Form des Sarkasmus keine sachliche

Argumentation hinter der Kritik oder Beleidigung und sie zielt nur darauf ab, die Schwächen des Gegenübers zu zeigen. Befinden Sie sich jedoch in einem Gespräch mit einem wertgeschätzten Mitmenschen, sollten Sie im Hinterkopf behalten, dass Ihr Ziel darin besteht, zu einer gemeinsamen Lösung zu kommen und Sie dafür bereit sind, Kompromisse einzugehen, um einem Allgemeinwohl ein Stück näherzukommen.

Was nehmen Sie aus diesem Buch mit?

B eim Lesen dieses Ratgebers sollte Ihnen klar geworden sein, dass jede Person individuell arbeitet und artikuliert, weshalb Sie sich beim Lernen verschiedener rhetorischer Fähigkeiten nicht darauf konzentrieren sollten, wie gut andere Personen sind, sondern darauf, sich Ihre eigenen Ziele zu setzen, vor allem dann, wenn es darum geht, ein gewisses Level an Humor oder Schlagfertigkeit zu erlernen. Werfen wir einen Blick auf die Argumentation, sollte Ihnen im Kopf geblieben sein, dass ein Argument nicht gleich ein Argument ist und es wichtig ist, dieses gut aufzubauen und zu jedem Argument, vor allem in Diskussionen, mindestens ein Beispiel parat zu haben, da dieses das Argument greifbarer für Ihren Gesprächspartner macht und es Ihnen bei Ihrer Überzeugungsarbeit hilft. Generell sollten Sie sich eher dafür entscheiden, vorher über Ihre Aussagen nachzudenken und auf eine gute Vorbereitung zurückgreifen zu können, da Sie dadurch vor allem in Diskussionen oder auch bei Reden oder Vorträgen nicht ins Rudern geraten.

Bleiben Sie daher auch während eines Gesprächs oder einer stressbehafteten Situation bei sich und versuchen Sie, ruhig zu bleiben und sich auf ein lösungsorientiertes Artikulieren zu fokussieren, da es Ihnen in keiner Situation weiterhelfen wird, Ihr Gegenüber zu verletzen oder Sie selbst cooler dastehen lassen zu wollen. Bleiben Sie daher entspannt und versuchen Sie, die Dinge generell nicht so ernst zu sehen oder einem Gespräch zu viel Gewicht zuzuschreiben. Versuchen Sie, über sich selbst zu lachen und mit dieser

Fähigkeit einen gesunden Humor zustande zu bringen, mit welchem Sie die eine oder andere negative oder angespannte Situation auflockern zu können.

Um Ihre rhetorischen Fähigkeiten zu verbessern, wird es Ihnen immer helfen, Ihren Horizont zu erweitern, egal, auf welche Art und Weise. Besuchen Sie das Theater, lesen Sie Bücher, treffen Sie neue Menschen und lernen Sie mehr über fremde Kulturen. Sehen Sie, was die Welt oder auch Ihr alltägliches Umfeld zu bieten hat. Dies wird sich nicht nur positiv auf Ihren Wortschatz und Ihr Wissen auswirken, sondern auch dazu beitragen, dass Ihre Persönlichkeitsentwicklung weiter voranschreitet und Sie selbstsicherer durch Ihr Leben gehen können.

Merken Sie, dass Ihr Gesprächspartner zu subjektiv handelt oder gar Aussagen trifft, welche total am Thema vorbeigehen und Ihre Gefühle verletzen, machen Sie ihn darauf aufmerksam und versuchen Sie, ihm klarzumachen, dass Sie aufeinander eingehen müssen und Ihr Ziel im Auge behalten sollten. Versuchen Sie darüber hinaus auch, Ihre eigenen Aussagen so oft es geht zu reflektieren und sicherzustellen, dass Sie innerhalb Ihrer

Artikulation beim Thema bleiben und so unemotional wie möglich bleiben.

Egal, in welcher Situation Sie sich mit welchen Menschen befinden, erinnern Sie sich darin, dass Sie miteinander und nicht gegeneinander arbeiten.

Herstellung und Verlag:

BoD – Books on Demand, Norderstedt

ISBN: 9783756218127

© Moritz Kampen 2022

1. Auflage

Kontakt: Psiana eCom UG/ Berumer Str. 44/ 26844 Jemgum

Covergestaltung: Fenna Larsson

Coverfoto: depositphotos.com